Marcin Brykczyński

Ni pies, ni wydra

czyli

**o wyrażeniach,
które pokazują język**

ŚWIAT KSIĄŻKI

Projekt okładki i stron tytułowych
Robert Maciej

Redaktor prowadzący
Daria Kielan

Ilustracje
Małgorzata Bieńkowska
Zbigniew Kołaczek
Joanna Sedlaczek
Robert Maciej

Redakcja techniczna
Mirosława Kostrzyńska

Korekta
Beata Paszkowska

© Copyright for the text by Marcin Brykczyński

Bertelsmann Media Sp. z o.o.
Świat Książki
Warszawa 2000

Skład i łamanie
Towarzystwo Reklamowe TILOSZ i Ska

Druk i oprawa
Białostockie Zakłady Graficzne SA

ISBN 83-7227-415-0
Nr 2408

PRZEDMOWA

Kiedy w lutym 1992 roku odbierałem telewizyjnego Wiktora za rok 1991, konferansjer uroczystości Krzysztof Kolberger dał mi do publicznego odczytania wielozwrotkowy wiersz, będący rymującym się zbiorem słów o wyjątkowej trudności artykulacyjnej. Zagęszczenie zbitek spółgłoskowych – typu szcz, cz, ść, źdź, żdż, źń, rść, rszcz – groziło przy odczytywaniu całego tekstu zupełnym „zakałapućkaniem się" fonetycznym. Mimo ogromnego napięcia jakoś sobie poradziłem, a kiedy zszedłem z estrady, dowiedziałem się, że autorem ludycznego utworu był Marcin Brykczyński.

Przeczytałem go raz jeszcze – już bez emocji. Zauroczył mnie jego językowy kunszt, błyskotliwy humor, inteligencja. Cóż za ciekawi ludzie są wśród nas, z jakąż niezwykłą językową intuicją! – pomyślałem.

W następnych latach mogłem się zapoznać z wieloma dokonaniami Marcina Brykczyńskiego. Ich lektura przynosiła mi zawsze wyjątkową satysfakcję intelektualną, bo też i autor pozostaje wierny językowej zabawie, która mnie zawsze – i z racji profesji, i z powodu osobistych upodobań – szczególnie pociągała.

W niniejszym tomiku Marcin Brykczyński igra z idiomami, buduje wokół nich rymowaną narrację. Czytelnicy znajdą pod każdym wierszem ich słowniczki, ugruntują więc swą wiedzę o najpopularniejszych frazeologizmach języka polskiego. Trudno tu zatem nie dostrzec i waloru dydaktycznego całego przedsięwzięcia. Jest ono jednak przede wszystkim przednią zabawą, pokazującą zarazem, jak wielką zdolnością przetwórczą słów i ich giętkością charakteryzuje się nasza ojczyzna-polszczyzna.

Jan Miodek

Małgosia Bieńkowska

ZA GÓRAMI, ZA LASAMI

Za górami, za lasami, za siódmą górą
— gdzieś bardzo daleko

Leży do góry brzuchem
— nic nie robi

Obiecuje złote góry
— obiecuje wielkie korzyści, więcej, niż może dać

Bierze górę
— zwycięża

Wie z góry
— wie zanim coś się wydarzy

Patrzy z góry
— uważa się za kogoś lepszego

Góra mysz urodzi
— gdy wiele wysiłku dało mizerne wyniki

Gdzieś, *za siódmą chyba górą*,

Mieszka wiedźma z kotką burą.

Wiedźma, gardząc zbytnim ruchem,

Leży wciąż *do góry brzuchem*,

A gdy na coś ma ochotę,

Obiecuje góry złote.

Bardzo sprytna jest z natury,

Na każdego *patrzy z góry*,

Bo, jak to wykazać może,

Bierze górę w każdym sporze.

Wie dlaczego zegar chodzi

I czy *góra mysz urodzi*...

Całą górę ksiąg ma w głowie,

Z czego każdą zna w połowie,

Lecz dowodzi kotce burej,

Że i tak *wie wszystko z góry*.

NIE Z TEGO ŚWIATA

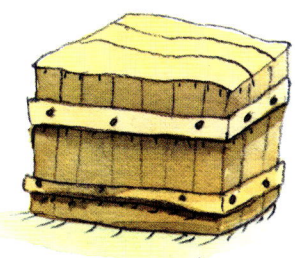

Świat zabity deskami
– miejsce bardzo odległe od miasta

Nie z tego świata
– coś niezwykłego, ktoś niezwykły, nieżyciowy

Stary jak świat
– bardzo stary

Twierdzi, że jest pępkiem świata
– uważa się za bardzo ważnego

Użyć świata
– żyć wesoło, korzystać ze wszystkich przyjemności

Istny koniec świata
– straszne zamieszanie, harmider, bałagan lub okrzyk wyrażający zdumienie, zgorszenie

Za górami, za lasami,

Świat zabity jest deskami.

Ludzi tłum się tam przeplata,

Wszyscy są *nie z tego świata.*

Każdy z nich jest *jak świat stary,*

Nosi buty nie do pary

I choć ma ubranie w łatach,

Twierdzi, że jest *pępkiem świata.*

Każdy, pragnąc *świata użyć,*

Wciąż się zbiera do podróży

I co chwila strzela z bata;

Słowem *istny koniec świata.*

KRASNOLUDEK

Prosić w niskie progi
– uprzejmie zapraszać do swego domu ważną osobę

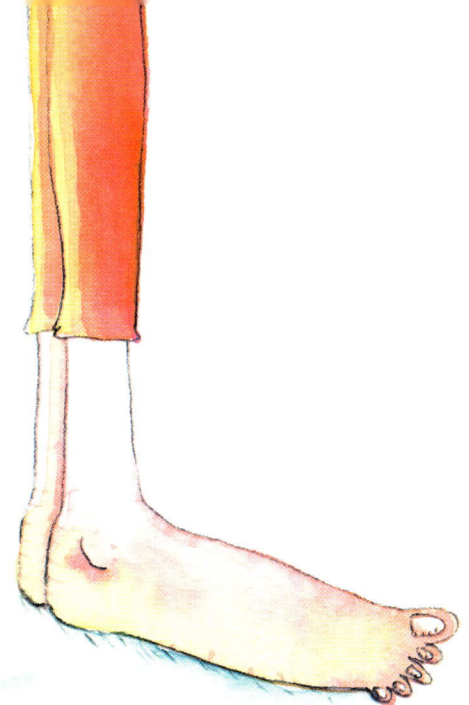

Do pięt mu nie dorasta
– nie dorównuje mu

Ma wszystko w małym palcu
– wie wszystko

O mały włos
– niewiele, odrobinę, mało brakowało

Tam, gdzie kończy się ogródek,
Mieszka sobie krasnoludek,
Który gości, prosto z drogi,
Lubi ***prosić w niskie progi***.
Ten, kto poznał krasnoludka,
Chętnie wpada do ogródka
I powiada o tym malcu,
Że ***ma wszystko w małym palcu.***
Na śniadanie je ryż z prosem,
Potem śpiewa niskim głosem,
Imponując swoim bliskim,
Bo głos ma niezwykle niski.
Zwiedził wszystkie wielkie miasta,
Nikt ***do pięt mu nie dorasta,***
A gdy z prawdą się rozminie,
To ***o mały włos*** jedynie.

W DOMU

Prowadzić dom otwarty
– często przyjmować gości

Założyć dom
– ożenić się, wyjść za mąż, założyć rodzinę

Mieć dom na głowie
- zajmować się wszystkim w domu

Wymówić dom
– zabronić wstępu do domu

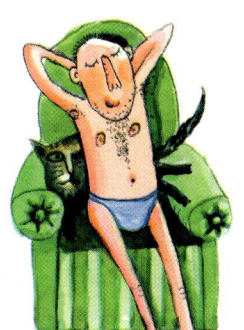

Czuć się jak u siebie w domu
– czuć się swobodnie

Trząść domem
– rządzić domownikami

Postawić dom na nogi
– obudzić wszystkich

Być gościem w domu
– rzadko bywać w domu

Pewna myszka, po kryjomu,
Założyła dom w mym domu,
Przy czym, całkiem nie na żarty,
Prowadziła ***dom otwarty***.
Chociaż miała ***dom na głowie***,
Zaprosiła krewnych mrowie,
Powtarzając byle komu:
„Czuj się jak u siebie w domu".
Nieraz, pragnąc trochę ciszy,
Chciałem ***dom wymówić*** myszy,
Ale ona, strasząc gości,
Trzęsła domem bez litości
I choć spokój jest mi drogi,
Postawiła dom na nogi.
Odtąd więc, by było prościej,
Jestem w domu tylko gościem.

TROPIKI

Napłynął rzeką
– w bardzo dużej ilości

Zawyć dziko
– zbyt głośno śpiewać, fałszować

Kokosowy interes
– interes (przedsięwzięcie) przynoszący ogromne zyski

Prawo dżungli
– prawo silniejszego

Gorąco oklaskiwać
– bić głośno brawa, wyrażać zachwyt

Pełen animuszu
– bardzo energiczny, odważny

Raz, z tęsknoty za Afryką,
Pawian w ZOO *zawył dziko*:
„Jestem dziki, będę dziki,
Moim domem są tropiki!"
Prawo dżungli zdał u hieny,
Bo był pewien jej oceny
I wziął bilet pierwszej klasy
Na samolot do Kinszasy.
Ogłoszenie dano w prasie:
PAWIAN ZJAWI SIĘ W KINSZASIE,
BY WZIĄĆ UDZIAŁ, JAK WIEŚĆ NIESIE,
W *KOKOSOWYM INTERESIE*!
Tłum *napłynął rzeką* rwącą,
Oklaskując go gorąco,
A on, *pełen animuszu*,
Skłonił się... i zniknął w buszu.

NA ZDROWIE

Zapaść na zdrowiu
– zachorować

Tryskać zdrowiem
– wyglądać na bardzo zdrowego

Zdrów jak rydz
– bardzo zdrowy

Końskie zdrowie
– bardzo dobre zdrowie

Zdrów jak ryba
– bardzo zdrowy

Żelazne zdrowie
– bardzo dobre zdrowie

Żebym tak był zdrowy
– mówi szczerą prawdę

Może wyjść na zdrowie
– może wpłynąć korzystnie na stan zdrowia

Gdy *zapada ktoś na zdrowiu*,

Lekarz czeka w pogotowiu.

Każdy się od niego dowie,

Jak żyć, żeby *tryskać zdrowiem*

I od stóp po czubek głowy

Być bez przerwy *jak rydz zdrowym*.

Rydz być może na to powie,

Że wybiera *końskie zdrowie*.

Koń pomyśli sobie chyba,

Że chce *zdrowy być jak ryba*.

Za to ryba, nim ją złowię,

Może mieć *żelazne zdrowie*...

Dość już tu o zdrowiu mowy,

Ale *żebym tak był zdrowy*,

Warto zdrowie wciąż mieć w głowie,

Bo to może *wyjść na zdrowie*.

WIELKIE NIEBA

Wielkie nieba – wyrażenie zdumienia

Pod gołym niebem – nie pod dachem

Jak grom z jasnego nieba
– nieoczekiwane, niemiłe zdarzenie

Chcieć nieba przychylić
– chcieć uczynić kogoś szczęśliwym

Wola nieba
– coś, co musi się stać, na co nie mamy wpływu

Spadł jak z nieba
– pojawił się niespodziewanie

Dziury w niebie nie będzie
– nic ważnego się nie stanie

Dzisiaj rano, ***wielkie nieba!***

Spadł jak z nieba bochen chleba!

Chociaż chleba mi nie trzeba,

Spadł, ***jak grom z jasnego nieba***.

Aż strach stać ***pod gołym niebem***,

Gdy ktoś z góry rzuca chlebem,

Nawet jeśli chciał w tej chwili

Chlebem ***nieba mi przychylić***.

Jeśli jest w tym ***wola nieba***,

Wtedy zgodzić się z nią trzeba,

A jeżeli jestem w błędzie,

Dziury w niebie stąd nie będzie.

Zbyszek Kołaczek

DUCH

Raz, z powodu bólu brzucha,

Pewien duch **wyzionął ducha**.

Przez czas jakiś czuł się licho,

Wreszcie *zniknął jak duch* cicho,

Bo, gdy leżał już bez ruchu,

Nikt nie *podniósł go na duchu*.

Odtąd wokół cisza głucha,

Bowiem *brak żywego ducha*.

Więc, gdy w duchu widzisz druha,

Spróbuj sam wywołać ducha.

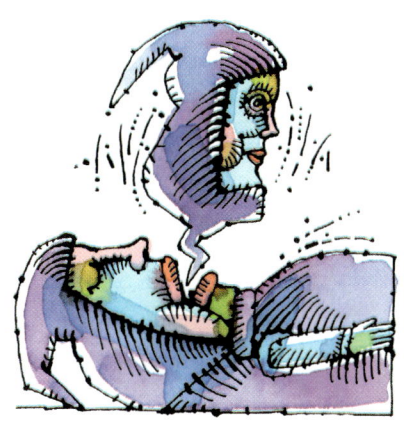

Wyzionął ducha
— umarł

Zniknął jak duch
— odszedł niezauważony

Podniósł go na duchu
— pocieszył, dodał odwagi

Brak żywego ducha
— nie ma nikogo

STRASZNA BESTIA

W czoraj, jak to bywa z rzadka,
Zaczepiła mnie sąsiadka,
Po czym mi wyznała szczerze:
„Z mego Reksia **wyszło zwierzę**!
Kły ogromne szczerzy z pyska,
Dzikim wzrokiem w koło błyska,
Dziko wyje, warczy, drapie
I kość gryzie na kanapie.
Co dzień trapię się szalenie,
Skąd jest to zezwierzęcenie,
Skąd bestialskie zachowanie,
Gdy powodów brak mym zdaniem.
Muszę spytać mądrych ludzi,
Co w mym Reksiu **bestię budzi**,
Lub uporam się z tą kwestią,
Sama będąc **sprytną bestią**".

Z kogoś wyszło zwierzę
– niespodziewanie źle się zachował

Budzi w kimś bestię
– sprawia, że staje się niebezpieczny

Sprytna bestia
– ktoś bardzo zdolny i zaradny

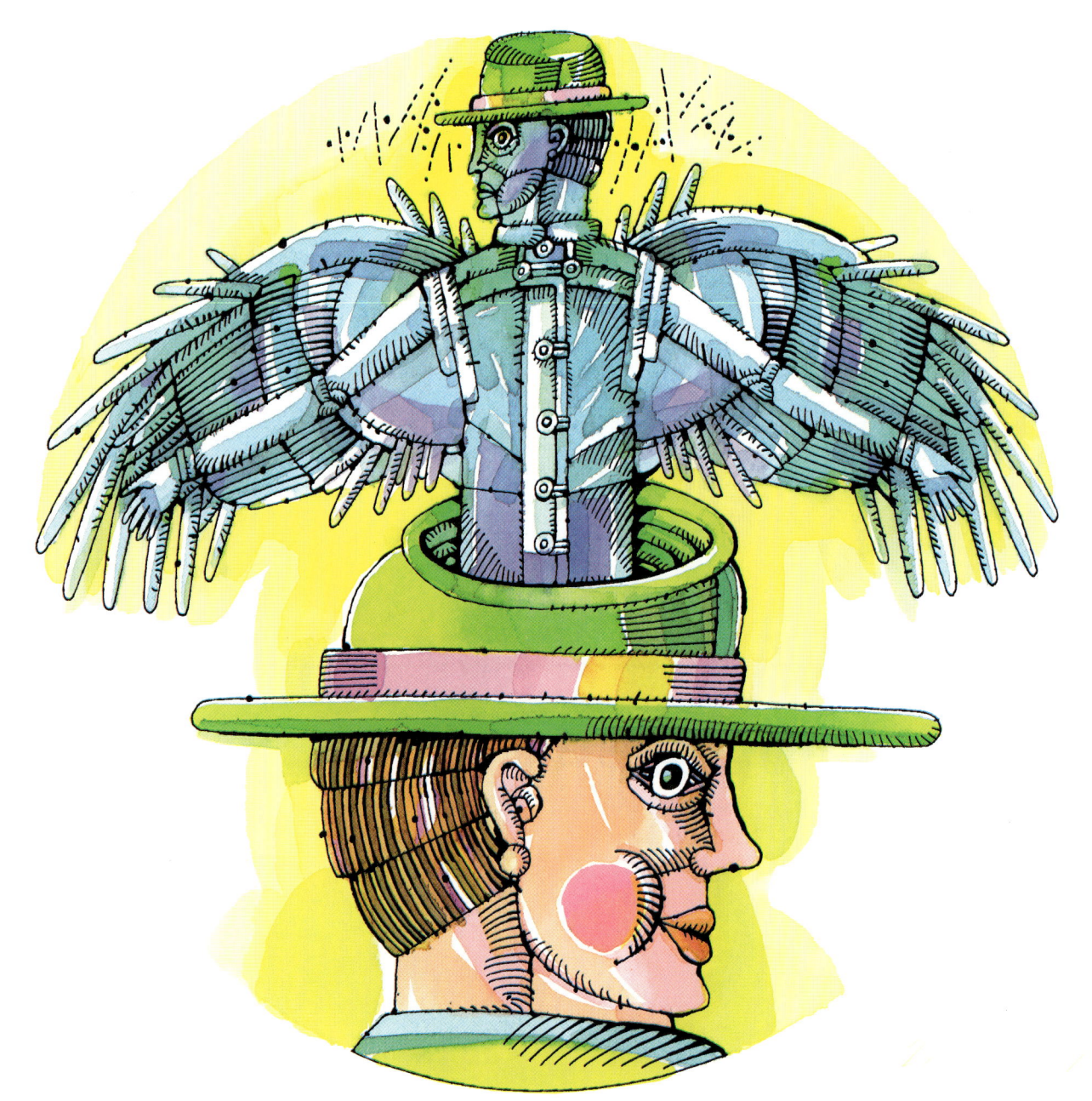

Zimny jak głaz (zimny jak lód)
– człowiek nieczuły

Zimny drań
– człowiek zły i bezwzględny

Chwytać życie na gorąco
– wykorzystywać każdą życiową okazję

Zachować zimną krew
– być opanowanym w trudnych sytuacjach

Od kogoś bije chłód
– jest nieżyczliwy, nie okazuje uczuć

GORĄCE PRAGNIENIE

Proszę panów! Proszę pań!

Oto idzie *zimny drań*.

Dowiódł tego już nie raz,

Że wciąż *zimny jest jak głaz*.

Chodzi sobie z miną drwiącą,

Życie chwyta na gorąco

I podobno nawet w tłumie

Zimną krew zachować umie.

Proszę panów! Proszę pań!

To naprawdę zimny drań!

Już z daleka *bije chłód*,

Bo on *zimny jest jak lód*.

Lecz ja sobie cicho marzę,

Że ktoś ciepło mu okaże.

Może ciepły uśmiech sprawi,

Że drań trochę się poprawi.

GRUBE PIENIĄDZE

Spać na pieniądzach
– mieć bardzo dużo pieniędzy

Zrobić grube pieniądze
– zarobić dużo pieniędzy

Nie śmierdzi groszem
– nie ma pieniędzy

Za grosz
– ani trochę

Ostatni grosz
– reszta posiadanych pieniędzy

Mieć coś jak w banku
– mieć to na pewno, bez wątpienia

Wtrącać trzy grosze
– wtrącać się bez pytania do rozmowy

Pewien bankier spod Grudziądza
Chce *spać tylko na pieniądzach*,
A że wciąż *nie śmierdzi groszem*,
Chudnie z braku snu po trosze.
Co dzień więc ponawia próbę,
By *pieniądze zrobić grube*
I każdego dotąd kusi,
Aż *ostatni grosz* wydusi.
Wszystkim mówi bez ustanku:
Ze mną sukces masz *jak w banku*!
A gdy *wtrąca swe trzy grosze*,
To dodaje: Resztę proszę!
Jak wynika wprost z tych faktów,
Nie posiada *za grosz* taktu.
A więc rację mam, jak sądzę,
Radząc mu: Sam rób pieniądze!

GORĄCZKA ZŁOTA

Złota jesień
– słoneczna jesień w okresie, kiedy żółkną liście

Na wagę złota
– bardzo cenny

Gorączka złota
– pogoń za zyskiem, chęć szybkiego bogacenia się

Kapie od złota
– złotem bogato zdobiony

Żyła złota
– źródło wielkich dochodów

Pewien pan miał ponoć kota,
Który był *na wagę złota*:
Łapał myszy, łowił ryby,
Słowem był to skarb prawdziwy.
Aż raz kiedyś, jak wieść niesie,
Gdy nastała *złota jesień*,
Choć to dziwne, jak na kota,
Zapadł na *gorączkę złota*.
Myślał, że *od złota kapie*
I wciąż leżał na kanapie,
Skąd za żadne skarby świata,
Nie chciał ruszyć się bez bata,
Lecz gdy ktoś mu sypnął złotem,
Znów na wszystko miał ochotę
I jak głosi anegdota,
Był prawdziwą *żyłą złota*.

KOMU W DROGĘ, TEMU CZAS

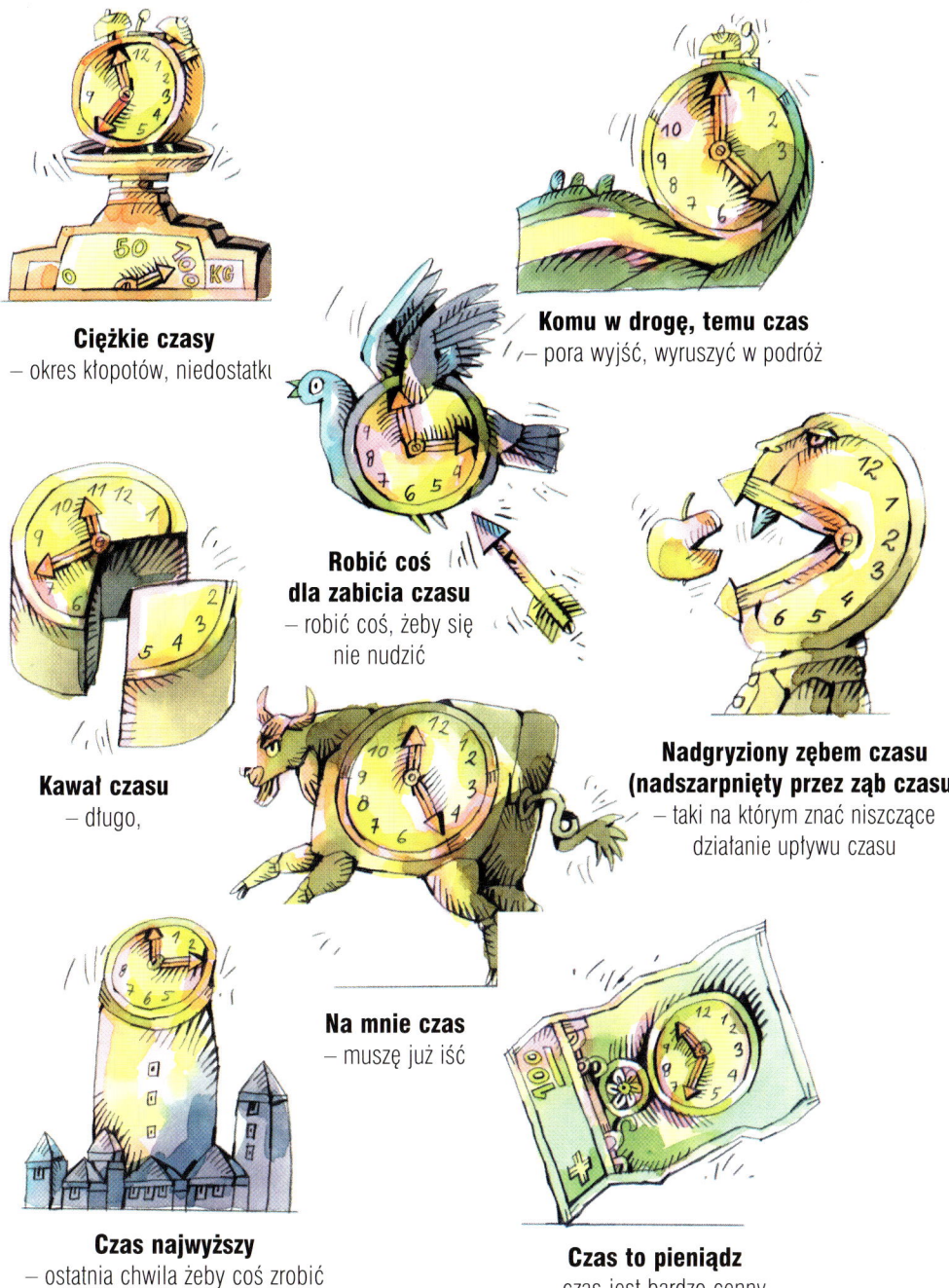

Ciężkie czasy
– okres kłopotów, niedostatku

Komu w drogę, temu czas
– pora wyjść, wyruszyć w podróż

Robić coś dla zabicia czasu
– robić coś, żeby się nie nudzić

Kawał czasu
– długo,

Nadgryziony zębem czasu (nadszarpnięty przez ząb czasu)
– taki na którym znać niszczące działanie upływu czasu

Na mnie czas
– muszę już iść

Czas najwyższy
– ostatnia chwila żeby coś zrobić

Czas to pieniądz
– czas jest bardzo cenny

Pewien żubr spod Białowieży

Ciężkie czasy w lesie przeżył.

Nadgryziony zębem czasu,

Osiadł więc na skraju lasu.

Kawał czasu tam mu minął

A on tęsknił za rodziną,

Więc tłum gości na skraj lasu

Spraszał *dla zabicia czasu*.

W końcu rzekł im: „Drodzy goście,

Na mnie czas, więc się wynoście!

Czas najwyższy jest już bowiem,

Znów rodzinę mieć na głowie.

Czas to pieniądz" – dodał potem

I do lasu wszedł z powrotem.

MLEKO

Wyssać z mlekiem matki
– mieć coś wpojone od dzieciństwa

**Tam, gdzie mleko i miód płynie
(kraina mlekiem i miodem płynąca)**
– kraina, w której niczego nie brakuje

Komuś brak tylko ptasiego mleka
– ma wszystkiego pod dostatkiem, niczego mu nie brakuje

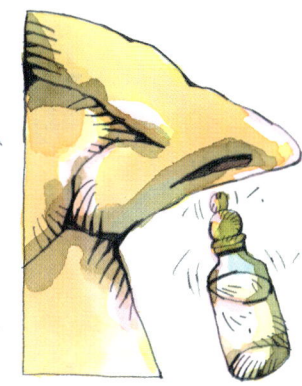

Mieć mleko pod nosem
– być młodym, niedojrzałym

Mleczni bracia
– chłopcy, nie będący braćmi, wykarmieni piersią przez tę samą kobietę

Mleczna Droga
– astronomiczna nazwa gęstego od gwiazd, środkowego pasa nocnego nieba

W pewnej dziwnej dość krainie,

Tam, gdzie mleko i miód płynie,

Młody człowiek raz narzekał,

Że mu *brak ptasiego mleka*.

Ten obyczaj niezbyt rzadki

Ponoć *wyssał z mlekiem matki*

I choć *mleko miał pod nosem*,

Ruszył w świat, by walczyć z losem.

Przewędrował *Mleczną Drogę*

I rzekł: „Dalej już nie mogę,

Bo podobno niebezpiecznie

Robi się na Drodze Mlecznej".

Do rodziny wrócił wiosną,

Ogłaszając wieść radosną,

Że do spółki z *mlecznym bratem*

Tysiąc krów wydoi latem.

Joasia Sedlaczek

NI PIES, NI WYDRA

Stroić małpie miny
– robić głupie miny

Ni pies, ni wydra
– ni to, ni owo

W kimś się lew obudzi
– stanie się odważny, energiczny

Koń by się uśmiał
– coś jest zupełnie bez sensu

Krokodyle łzy
– nieszczery, udawany żal

Popędzić komuś kota
– wyrzucić, wypędzić go z jakiegoś miejsca

Słoń w składzie porcelany
– ktoś bardzo niezręczny, niezgrabny

Ośli upór
– uporczywe i bezmyślne obstawanie przy swoim zdaniu

Szczwany lis
– ktoś sprytny

Raz polną drogą w stronę Świdra
Szło sobie Coś, ***ni pies, ni wydra***
I nieustannie, bez przyczyny,
Stroiło dziwne, ***małpie miny***.
Koń by się uśmiał, mówiąc szczerze,
Widząc to bardzo dziwne zwierzę,
Lecz nagle strach ogarnął ludzi:
A nuż ***w tym Czymś się lew obudzi?***
Kto wie, co zrobi ta istota,
Jeśli się jej ***popędzi kota***.
Może wyrywa w złości drzewa
I ***krokodyle łzy*** wylewa,
Lub się zachowa stwór nieznany
Tak, jak ***słoń w składzie porcelany***.
A stwór wciąż ***z oślim szedł uporem***,
By uprać w Świdrze coś wieczorem
I tam wydało się przy praniu,
Że to był ***szczwany lis*** w przebraniu.

NIE TĘDY DROGA

Drogą radiową
– przez radio

Zejść na złą drogę
– zacząć się bardzo źle zachowywać

Własną drogą
– po swojemu

Droga śliska
– ryzyko

Swoją drogą
– mimo wszystko

Nie tędy droga!
– źle postępujesz

Szerokiej drogi!
– pomyślnej podróży

Tą drogą
– w ten sposób

Niespodziewanie, *drogą radiową*,

Nadano dzisiaj wiadomość nową,

Że pewna krowa, rodem spod Łodzi,

Wciąż *na złą drogę* niestety schodzi.

Tu *swoją drogą* zapytać warto,

Kto widział krowę aż tak upartą,

Że choć w pół drogi jest od pastwiska,

To jednak kusi ją *droga śliska*.

„*Nie tędy droga!*" powtarzam krowie,

„*Tą drogą* tylko marnujesz zdrowie!"

A krowa na to, nie znając trwogi:

„Idź *własną drogą, szerokiej drogi!*"

Z LOTU PTAKA

Niebieski ptak
– darmozjad

Ranny ptaszek
– ktoś, kto bardzo wcześnie wstaje

Ptasi móżdżek
– niewiele rozumu

Z lotu ptaka
– z góry, z wysoka

Wpadłszy między wrony, musi krakać jak i one
– musi się dostosować do zwyczajów otoczenia

Wczoraj, jak mi doniesiono,
Kruk gdzieś rankiem leciał z żoną
I świat widząc *z lotu ptaka*,
Tak do żony swej zakrakał:
„Popatrz, jakieś *ranne ptaszki*
Rozpoczęły już igraszki,
A tam, żono, widzisz kruka,
Czegóż to wśród wron on szuka?
Trzeba być *niebieskim ptakiem*,
Żeby robić głupstwa takie!"
Na to rzekła żona kruka:
„Pewnie łatwo go oszukać.
Ptasi móżdżek mieć on musi,
Jeśli dał się wronom skusić.
Teraz, *wpadłszy między wrony*,
Musi krakać jak i one".

WILK

Patrzy wilkiem
– patrzy wrogo

Wilk morski
– doświadczony marynarz

Wilk w owczej skórze
– ktoś zły udający dobrego

Wilczy apetyt (wilczy głód)
– bardzo duży apetyt (bardzo silny głód)

Raz ***wilk morski***, na wycieczce,

Przypatrywał się owieczce,

Rozmyślając nad tym chwilkę:

Czemu owca ***patrzy wilkiem***?

Zamiast trawę jeść na łące,

Ciągle biega za zającem.

Na dodatek zaś, niestety,

Zgoła ***wilczy ma apetyt***!

„Skąd tu owca z ***wilczym głodem***?"

Rzekł wilk morski, szarpiąc brodę.

„Trzeba sprawdzić to, mym zdaniem,

Zanim się coś złego stanie!"

Długo pytał ludzi w koło,

Aż się w końcu puknął w czoło,

Bo nie myśląc o tym dłużej,

Odkrył ***wilka w owczej skórze***!

KOŃSKIE ZDROWIE

Znamy się, jak łyse konie
– świetnie się znamy, od dawna

Stary koń
– ktoś, kto już ma swoje lata

Końskie zdrowie, zdrów jak koń
– bardzo dobre zdrowie, całkowicie zdrowy

Harować jak koń
– ciężko pracować

Zrobił w konia
– oszukał, ośmieszył

Możesz kraść z kimś konie
– możesz mieć do niego zaufanie

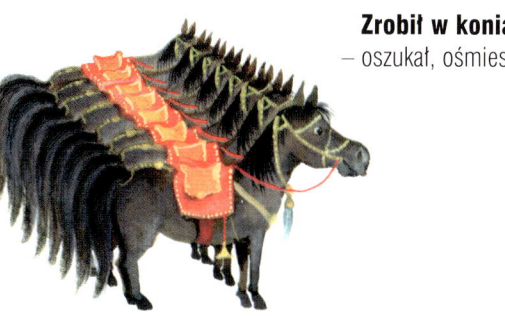

Dać konia z rzędem
– obiecać wysoką nagrodę za zrobienie czegoś bardzo trudnego

Raz, podobno koło Błonia,
Tak powiedział koń do konia:
„**Stary koniu**, niech się dowiem,
Czy masz jeszcze **końskie zdrowie**?
Możesz przyznać się w tym gronie,
Znamy się, jak **łyse konie**
I nie zdarzy się na błoniach,
By koń konia **zrobił w konia**".
„Jestem **zdrów jak koń**, mój koniu!"
Rzekł pytany i się skłonił,
Zapewniając w krótkich słowach:
„Mogę wciąż, **jak koń, harować**!
Konia z rzędem temu daję,
Kto ode mnie wcześniej wstaje
I zapewniam Cię na stronie,
Że **kraść możesz ze mną konie**!"

Robert Maciej

KOT W WORKU

Pierwsze koty sio za płoty
– na początku coś może się nie udać (przysłowie)

Kupić kota w worku
– kupił coś bez oglądania

Biegał jak kot z pęcherzem
– biegał bez celu, jak szalony

Darł z nim koty
– kłócił się z nim, żyli w niezgodzie

Igrał jak kot z myszą
– znęcał się

Wykręcić kota ogonem
– przedstawić coś fałszywie

Tyle co kot napłakał
– bardzo mało

Raz, mniej więcej koło wtorku,

Młynarz **kupił kota w worku**

I z tym workiem, wyznam szczerze,

Biegał, niczym kot z pęcherzem.

Przez to z teściem miał kłopoty

I czas jakiś **darł z nim koty**

Lub, jak ponoć o tym piszą,

Tak z nim **igrał, jak kot z myszą**.

Wreszcie, chociaż kawał gapy,

Spadł jak kot na cztery łapy,

Kota z worka wziął na stronę

I **wykręcił go ogonem**,

Mówiąc przy tym: Dość tej psoty!

Pierwsze koty sio za płoty!

Ot, historia sobie taka,

Tyle słów, **co kot napłakał**.

Chora z urojenia
– osoba zdrowa, uważająca się za chorą

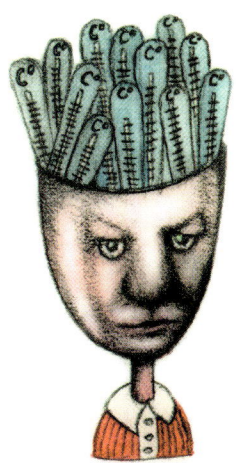

Hipochondria
– przesadna obawa o własne zdrowie

Choruje na coś
– tu: bardzo czegoś pragnie
Chorobliwie pragnąc
– bardzo czegoś chcieć

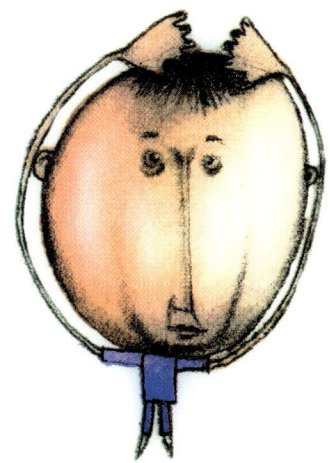

Głowa mnie o coś boli
– czymś się przejmuję

HIPOCHONDRIA

Pewna *chora z urojenia*
Ciągle swych lekarzy zmienia,
Bo podobno od młodości
Wprost *choruje na nowości*.
Co dzień już od rana biada,
By ją inny lekarz zbadał,
Chorobliwie pragnąc tego,
Żeby przeżyć coś nowego.
Symuluje, co dzień nowe,
Ostre stany chorobowe,
Strasząc wszystkich dookoła,
Że chorobę w nich wywoła.
Trudno wytrwać z ową damą,
Bo powtarza wciąż to samo.
Więc mnie *o to boli głowa*,
Jak od tego nie zwariować?

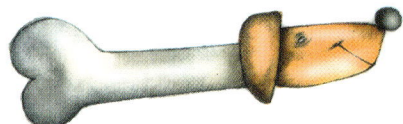

Był psem na coś
– bardzo coś lubił

Pod psem
– niedobrze

POD PSEM

Żyją jak pies z kotem
– żyć w niezgodzie

Psy na nim wieszają
– źle się o nim wyrażają, mówią o nim źle

Raz mieszkał pewien kot nad rzeką,

Który **był strasznym psem na** mleko,

Lecz biedak wciąż narzekał skrycie,

Że ma zupełnie **pieskie życie**,

Bo choć na zgodę ma ochotę,

Z psem pewnym **żyje jak pies z kotem**,

A pies bezczelnie mu dowodzi,

Że jako kot **na psy już schodzi**.

W dodatku ci, co go nie znają,

Bez przerwy **na nim psy wieszają**.

Więc wreszcie tam się udał drogą,

Gdzie **nie ma psa z kulawą nogą**

I list im wysłał ekspresowy:

„**Psa w nos całujcie**, mam was z głowy!"

Nie ma psa z kulawą nogą
– nie ma nikogo

Całuj psa w nos
– odczep się

Pieskie życie, na psy schodzi
– bieda, zły los, źle mu się wiedzie

W koło Macieju

W życiu jak na karuzeli,

Od niedzieli, do niedzieli,

Czy jest smutno, czy wesoło,

Nie ustaje **błędne koło**,

Na wóz włazi ktoś z mozołem,

Żeby stać się **piątym kołem**.

Nikt połapać się nie zdoła,

Istna **kwadratura koła**!

Lecz fortuna cię zaskoczy,

Bo się ciągle **kołem toczy**,

A więc jest kolejność taka:

Śmieje się, kto wczoraj płakał

I znów, jak na karuzeli,

Wszyscy wkoło są weseli.

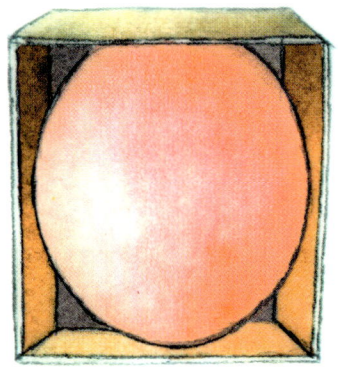

Kwadratura koła
– zadanie nie do rozwiązania, niewykonalne

Błędne koło
– sytuacja bez wyjścia

Piąte koło u wozu
– ktoś niepotrzebny

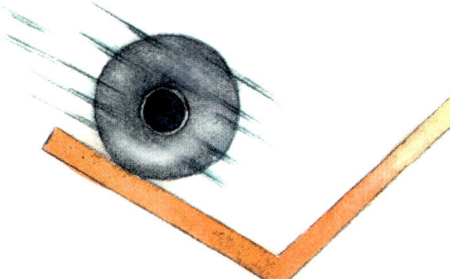

Fortuna kołem się toczy
– raz jest lepiej, raz gorzej

Dziesiąta woda po kisielu
– bardzo daleki krewny

Lanie wody
– mówienie lub pisanie nie na temat

Mącić wodę
– wprowadzać zamęt

Cicha woda
– ktoś tylko z pozoru spokojny

Na wodzie pisane
– coś bardzo niepewnego

Burza w szklance wody
– awantura z błahego powodu

Spływa (po kimś) jak woda po gęsi
– (ten ktoś) zupełnie się nie przejmuje

PATYKIEM NA WODZIE

Pewien pan, co miał krewnych niewielu,
***Dziesiąta woda po kisielu**,*
Siadł w niedzielę nad stawem w ogrodzie,
*** Pisząc do nich patykiem na wodzie***:
O tym, że ***lanie wody***
Nie jest warte nagrody,
A ***burza w szklance wody***
Nie przynosi szkody.
O tym, że kto ***mąci wodę***,
Ten pragnie zasiać niezgodę,
I że nawet ***cicha woda***
Bywa groźna na przeszkodach.
I byłby tak pisał do piątku,
Lecz naszła go myśl szczęśliwa,
Że po nich wszystko bez wyjątku,
Jak woda po gęsi spływa.

59

SPOKOJNA GŁOWA

Spokojna głowa
– nie ma powodów do obaw

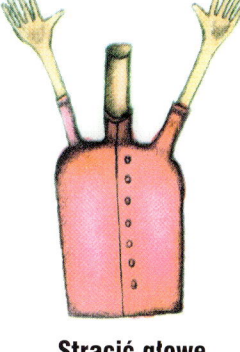

Stracić głowę
– nie wiedzieć, co robić, jak się zachować

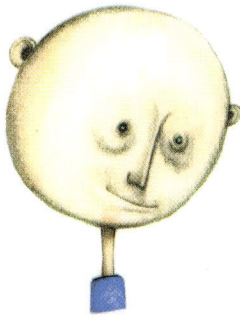

Mieć głowę na karku
– umieć sobie radzić

Coś stoi na głowie
– coś się dzieje wbrew utartemu porządkowi

Myśl chodzi po głowie
– myśleć o czymś szczególnie często

Łamać sobie głowę
– starać się coś rozwiązać

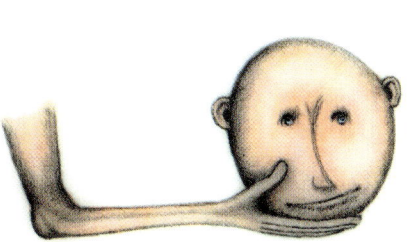

Ręczyć głową
– ponosić całkowitą odpowiedzialność

Pewien król raz **stracił głowę**,
Gdy wygłaszał wielką mowę.
Chociaż **głowę miał na karku**,
Twierdził, że ją zgubił w parku.
Teraz **łamie sobie głowę**,
Jak bez głowy skończyć mowę.
Cały **świat na głowie stanął**,
A dworzanom rozkazano,
Aby każdy **ręczył głową**,
Że królowi znajdzie nową,
Więc ich o to głowa boli,
Jak tu wybrnąć z trudnej roli.
A mnie **chodzi myśl po głowie**,
Że królowi słówko powiem.
Wtedy już, **spokojna głowa**,
Więcej tak się nie zachowa.

TAKIE BUTY

Takie buty
– tak sprawa wygląda

Umarł w butach
– wszystko przepadło, nie ma wyjścia

Psu na buty
– do niczego się nie przyda

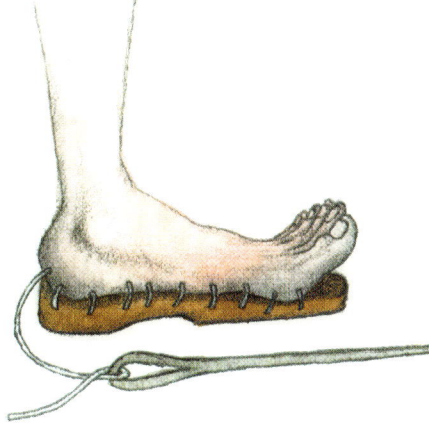

Szyć komuś buty
– intrygować przeciw komuś

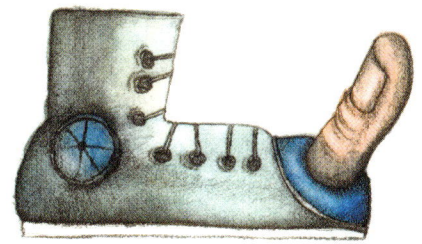

Nie kiwnę palcem w bucie
– nie zdobędę się na najmniejszy wysiłek, nic nie zrobię w tej sprawie

Raz do szewca przyszedł tata,

Żeby buty mu załatał.

„Takie buty" rzekł szewc na to,

Grzecznie się witając z tatą.

Butom przyjrzał się fachowo,

Po czym dodał, kręcąc głową:

„Skóra całkiem już popsuta;

Proszę spojrzeć, *umarł w butach*!

Psu na buty moja praca!

Będzie pan tu co dzień wracał.

Wreszcie, z butów swych wyzuty,

Zacznie mi pan sam *szyć buty*.

Ta obawa właśnie sprawia,

Że nie będę ich naprawiać,

Czyli rzecz ujmując w skrócie,

Ja *nie kiwnę palcem w bucie*!"